Facebook Como Fuente de Riqueza

María Fernández & Wilfredo Zajachkiskij

¡¡Importante!!

No tienes los derechos de Reproducción o Reventa de este Producto.

Este Ebook tiene © Todos los Derechos Reservados.

Antes de venderlo, publicarlo en parte o en su totalidad, modificarlo o distribuirlo de cualquier forma, te recomiendo que consultes al autor/los autores, es la manera más sencilla de evitarte sorpresas desagradables que a nadie gustan.

Los autores no pueden garantizarte que los resultados obtenidos por ellos mismos al aplicar las técnicas aquí descritas, vayan a ser los tuyos.

Básicamente por dos motivos:

Sólo tú sabes qué porcentaje de implicación aplicarás para implementar lo aprendido (a más implementación, más resultados).

Aunque aplicaras en la misma medida que ellos, tampoco es garantía de obtención de las mismas ganancias, ya que incluso podrías obtener más, dependiendo de tus habilidades para desarrollar nuevas técnicas a partir de las aquí descritas.

Aunque todas las precauciones se han tomado para verificar la exactitud de la información contenida en el presente documento, los autores y el editor no asumen ninguna responsabilidad por cualquier error u omisión.

No se asume responsabilidad por daños que puedan resultar del uso de la información que contiene.

Así pues, buen trabajo y mejores Éxitos.

Título: **Facebook Como Fuente de Riqueza**

© 2017, María Fernández & Wilfredo Zajachkiskij

© De los Textos: María Fernández & Wilfredo Zajachkiskij

Ilustración Portada: María Fernández & Wilfredo Zajachkiskij

Revisión de Estilo: María Fernández & Wilfredo Zajachkiskij

1ª edición

Tabla De Contenidos

Prologo

El uso de Facebook para conseguir un negocio reconocido en línea es muy eficaz y fácil de hacer. Los usuarios de Facebook se extienden por millones en un momento dado con lo que la plataforma para el público objetivo es casi infinita. Comprender el funcionamiento de cómo hacer para optimizar esta herramienta contribuirá al éxito de cualquier empresa.

Facebook Como Fuente de Riqueza

Descubre Como Usar Facebook Para Aumentar
Las Ventas de tu Negocio Online

Capítulo 1:

Comercialización en Facebook: Conceptos Básicos

Sinopsis

No basta con sólo crear un perfil de Facebook para el lanzamiento y la capitalización de cualquier empresa. Implica mucho más que esto y los siguientes son algunos puntos a considerar:

Lo Básico

Después de crear un perfil adecuado el paso siguiente es velar por que la línea de comunicación se mantenga abierta en todo momento. La colocación de la plataforma de negocios y mantenerse en contacto con los espectadores le dará al sitio la visibilidad que necesita.

Lamentablemente es cierto el hecho de que el ojo hace juicios mucho antes de que se examine el material real, por tanto, la presentación de un archivo con una imagen agradable es tan importante como la información de seguimiento ofrecida.

Esta es la única oportunidad que tiene la publicación para atraer al espectador dentro de la ventana muy delgada de oportunidades.

El muro en tu perfil de Facebook es la principal plataforma de interacción. De este modo, es importante publicar contenido relevante e interesante. Mantener esta chispa y el entretenimiento ayuda a mantener a los espectadores interesados en volver a visitarlo. Sin embargo, las alertas constantes pueden causar una molestia y por ello, es importante un equilibrio en la frecuencia de las publicaciones.

La sociedad ahora está predominantemente más atraída por la estimulación visual y esto se subdivide en la visión popular de fotos, vídeos y otras plataformas similares frente a la palabra escrita.

Por lo tanto hay una necesidad de explorar la posibilidad de ofrecer una visión pictórica bien diseñada que ayudará a mejorar la experiencia del espectador.

Entrar en un grupo de Facebook cuya temática es afín a tus publicaciones también es otra forma de crear interés en el empeño de promover tu seguimiento ya que los usuarios de estos grupos suelen ser personas con un interés común a dichas publicaciones, creando una relación personal con dichos usuarios.

Capítulo 2:

Utiliza un Gran Perfil y la Imagen Adecuada

Sinopsis

Ser capaz de conectar con los otros usuarios, que son parte de la interacción es simplemente algo que se considera normal y, de hecho, cómoda, por lo tanto, es muy importante elegir o crear un perfil adecuado con imágenes adecuadas que capten su atención.

La Manera en que Te Presentas

Esta son algunas de las razones de por qué esto puede ser considerado necesario por la mayoría:

- Como todo el mundo quiere causar una buena primera impresión, a esta elección se le debe dar la debida consideración y debe estar bien pensado. La imagen del perfil dice mucho de la persona humana sin ni siquiera tener que ver en realidad el material escrito publicado, por lo tanto es muy importante para captar la atención del espectador ver la foto del perfil en el mismo inicio. Como esta foto de perfil estará al alcance de todos y cada uno, la elección de la misma debe ser de tu agrado y que te sientas cómodo con ella. Sin embargo, siempre existe la opción disponible para cambiarlo periódicamente, aunque a menos que sea un rasgo esperado del huésped puede llegar a causar más confusión que el interés.

- Con otros elementos como logotipos también es una buena idea si dicho logotipo es auto descriptivo o bien conocido; de lo contrario este no sería un buen elemento para usar en el perfil. Elementos no reconocibles por lo general no causan tanta atención como los reconocibles.

- También se aconseja mantener la imagen de perfil tan simple como sea posible y que el elemento sea de fácil reconocimiento para la conexión sea evidente. A veces pensamos que el elemento de coherencia es aburrido pero también puede contribuir positivamente cuando la imagen de perfil es fácil de reconocer.

- La imagen de perfil elegida debe de alguna manera causar impresión al espectador. Por lo tanto es prudente juzgar cuidadosamente la percepción que va a crear la elección y, finalmente, se hará la elección adecuada.

Capítulo 3:
Añadir Amigos Con Intereses Similares

Sinopsis

Facebook está diseñado como un sitio de redes sociales, que anima a la creación de redes entre amigos antiguos y recién encontrados para agregar a tu lista con el propósito de compartir información, noticias y otros acontecimientos.

La Gente Debe Entender

El primer paso sería iniciar una sesión en la plataforma de Facebook para iniciar la búsqueda, ya sea para encontrar viejos amigos, o encontrar y hacer nuevas amistades con gente que tenga tus mismas inquietudes.

El hacer click en "mis amigos" la página permitirá al individuo la oportunidad de tener una vista rápida de las listas de amigos actuales y algunos detalles acerca de ellos.

También el acceso a la pestaña de "buscador de amigos" o "buscar la libreta de direcciones" permitirá poder ver los datos de contacto. Cuando todos los detalles pertinentes se han introducido correctamente, correo electrónico y contraseña, la persona será capaz de obtener los contactos de Hotmail, AOL, Gmail, MSN y Yahoo en el menú desplegable.

Al hacer click en la pestaña con la especificación de la libreta de direcciones externa será visible toda la información y esto incluye incluso los ya registrados como amigos en Facebook.

El último paso sería solicitar amistad a las personas de tu interés. El individuo al que le has solicitado amistad puede o no aceptar dicha solicitud. Una vez aceptada comienza tu promoción y respuesta en consecuencia.

Una vez que la lista de contactos está a tu disposición, debes escribir publicaciones de una forma profesional y personal en su estilo, con un formato que se ajuste a la premisa de iniciar un primer contacto. Este diseño individualista ayudará a crear un contenido con sentido, con sinceridad y honestidad. Cuando algún tipo de reconocimiento es evidente, es igualmente importante agradecer a la otra parte su interés.

También lo que se debe incluir para la máxima exposición de marketing social, es la publicación de material que incluye los sitios web, cuenta de twitter, enlaces y cualquier otra plataforma auto explicativa utilizada para la promoción de la empresa que se desea promocionar.

Capítulo 4:
Utiliza Álbumes de Fotos y Vídeos

Sinopsis

A veces meras descripciones escritas de algo no van a funcionar tan eficazmente como realmente tener la imagen visual de la misma. Por lo tanto el uso de los álbumes de fotos y vídeos puede ser muy útil para obtener el mensaje deseado a través de los espectadores. Publicar en Facebook éstos generalmente contribuyen a todos los miembros del grupo de poder ver y comentar sobre el material que se publica.

Los Extras

Esto es especialmente importante si el material destinado a la publicación también es algo que está destinado a ser compartido con un cierto público objetivo. También existe el elemento de conveniencia por el que todos los miembros de la audiencia objetiva no es capaz de captar la idea de la publicación, y aquí es donde juega un papel importante el uso de los álbumes de fotos y vídeos.

A continuación se muestra paso por paso cómo presentar la

Foto o el vídeo en Facebook:

- El primer paso es hacer clic en el icono de vídeo o el icono de foto en el editor en la parte superior del muro de tu perfil.

- A continuación, tanto la foto como el vídeo los puedes tener guardados en tu ordenador o dispositivo o hacerlo en el momento.

- Tienes dos opciones: subir fotos o vídeos o crear álbum de fotos/vídeos. Al hacer click te pide seleccionar el archivo correspondiente.

- Puedes agregar un comentario a la foto o al vídeo.

- El último paso sería seleccionar compartir para llevar el anuncio a la audiencia objetiva prevista.

Esta forma de publicación es sin duda beneficiosa, se puede considerar relativamente rentable, ya que la mayoría de los elementos que intervienen lo hacen sin que realmente se requiera la participación de expertos.

El uso de este método para obtener el servicio o producto reconocido por el público objetivo con el tiempo, ayudará a crear la conciencia necesaria para elevar el proceso de obtención de ingresos.

La capacidad de conseguir impulsar de manera productiva también se hace evidente al tiempo que se logra la participación, la educación y la venta al público objetivo.

Capítulo 5:

Aprende a Utilizar las Páginas de Fans

Sinopsis

La creación de las Páginas de Fans (Fanpages), básicamente, permite la publicación de una página separada con el propósito de facilitar las conexiones entre las partes interesadas en que la información sobre las últimas actualizaciones y noticias puede ser compartida y discutida.

Las Páginas

Este medio de comunicación social también ha sido capaz de crear el efecto deseado donde otras herramientas tienen resultados menos exitosos. El uso de la página de fans con eficacia también es igual de importante que el material que se presentó, así la siguiente guía puede resultar útil:

- El primer paso sería comenzar la página de fans con las fotos diseñadas con eficacia o logos sobre el asunto de negocios destinado a ser establecida. Luego agregar los datos de contacto de la empresa para asegurarse de que es alcanzable en ambas circunstancias online y offline.

- A continuación, el ejercicio de añadir amigos e invitar a los clientes existentes y potenciales para convertirse en parte de la página de fans a través de enlaces. Una vez que esto se logra el efecto deseado, a continuación los compromisos periódicos se deben hacer con las publicaciones y visualizaciones. Estos pueden tomar la forma de publicar información nueva e interesante o simplemente participar en una discusión sobre el material publicado.

- Participar en otras plataformas interactivas haciendo preguntas, realizando encuestas o simplemente indagando sobre los gustos y disgustos o incluso requisitos de los usuarios. Este sistema funciona como un estudio de mercado libre y puede ser una interesante manera de hacer crecer tu empresa o negocio en línea. Esta información obtenida se puede utilizar para mejorar aún más de lo que se ofrece actualmente.

La idea detrás de todo el ejercicio es fomentar y construir un fuerte seguimiento a la página de fans mediante el uso de todos los diferentes incentivos anteriores.

Alentar constantemente a los visitantes a convertirse en participantes activos, finalmente también ayudará a crear un vínculo emocional que llamará la atención con sitio. Esto entonces contribuir al posible aumento de los ingresos.

Capítulo 6:
Aprende cómo Utilizar los Eventos

Sinopsis

Facebook a lo largo del tiempo ha podido establecerse como un poder para ser reconocido en cuanto a obtener información para las masas. La gran cantidad de diferentes elementos que efectivamente pueden ser publicados y vistos en Facebook, han permitido conseguir el crecimiento de los negocios y unas mayores ventas. Casi cualquier cosa se puede promover con eficacia.

Beneficiarse de Ella

En realidad no hay necesidad de promover sólo los eventos que tienen ubicaciones exactas tangibles y plazos. Los eventos de Facebook también pueden ser eventos virtuales, ya que es capaz de dibujar el público objetivo pretendido con la misma eficacia.

Tal vez la pauta importante a seguir sería la de hacer el anuncio que atraiga la mayor atención como sea posible para asegurar el resultado deseado. A continuación se presentan algunas de las razones por las cuales uno debe considerar el uso de estos eventos de estilo de alojamiento para optimizar la exposición:

- El alcance no tiene límites cuando se utilizan los eventos publicados en Facebook. Es capaz de extender la invitación con el clic de un icono y también puedes añadir cómo y cuándo lo desees. Esto no es posible con otras herramientas convencionales.

También te permite añadir más información al evento e invitar a más usuarios. Esto es sin duda beneficioso.

- Otra contribución de esta herramienta es que puede contribuir de manera fácil a la obtención de una visión general de los participantes y la capacidad prevista.

- También es más fácil de difundir el mensaje y comunicar a todos los conectados a través de una única plataforma sin esfuerzo. El uso de otras herramientas que complementan como el muro, paneles de discusión, enlaces, añadir vídeos y fotos también ayudan a mejorar aún más las posibilidades de comunicación.

También hay que señalar que no siempre es posible utilizar el Facebook como una forma ideal de conseguir eventos. Una de las razones que contribuyen a esto quizás es que hay algunas personas que, o bien no se molesta en utilizar su herramienta de Facebook o simplemente no tiene un perfil.

Por lo tanto puede haber una necesidad de tener mensajes de correo electrónico que acompañen a la publicación de Facebook.

Capítulo 7:

Utiliza Páginas de Captura Exclusivas

Sinopsis

Cualquier cosa exclusiva tiene unos resultados positivos y negativos, por lo tanto, es importante entender los fundamentos que afectan a dichos resultados y luego decidir si un estilo en particular es adecuado para una tarea en particular. El uso de las páginas de captura exclusivas no es una excepción.

Tus Páginas

La mayoría de las páginas de captura en la herramienta de Facebook ayuda a crear interés en el espectador o con el fin de convertirlos en fanáticos siendo firmes y esto no sólo elevan los listados base de fans, sino que también crean suficientes ingresos a través de estos intereses.

En lugar de exponer directamente en el muro, para que se pueda hacer un alcance más atractivo para el espectador, se publicará una página de captura bien diseñada que a través del acaparamiento de la atención a su vez sea capaz de mantener el interés de los visitantes.

No han sido verificadas las estadísticas para demostrar que las páginas de captura generan más fans en términos de velocidad y el crecimiento en comparación con otras herramientas en el campo de la comercialización de Internet.

Tener páginas de captura que son exclusivas también es beneficioso cuando la idea detrás de la publicación es que no lo compartan por todo Internet causando así la sobre exposición o también llamado "spam".

Este estilo de las páginas de captura también crea un sentido de exclusividad para el invitado que a su vez la mayor parte del tiempo se asegura la participación positiva del público objetivo.

También porque el estilo del mensaje es casi siempre de naturaleza singular, hay poca necesidad de contar con publicaciones confusas y demasiado entusiastas.
El uso de los elementos positivos de la página exclusiva de captura también ayudará a afinar los diferentes canales de las posibles fuentes de tráfico múltiples.

Las diferentes fuentes de tráfico a partir de la página de captura exclusiva y sus publicaciones pueden incluir mensajes de correo electrónico, palabras de anuncios, enlaces de afiliados, la colocación de la bandera y otros. El uso de una página exclusiva de captura también es más fácil, ya que no constituye un obstáculo o causar conflictos de diseño.

Capítulo 8:
Recompensa Partidarios Leales

Una parte importante de mantener el elemento leal vivo y en crecimiento, radica en los incentivos otorgados como premios a este compromiso perpetuo. El uso de la lealtad para ganar y mantener el esfuerzo de un negocio exitoso es importante; Por lo tanto, el diseño de recompensas atractivas para estos fieles seguidores bien vale la pena hacer un esfuerzo en el proceso de pensamiento innovador.

Hacer Que Regresen

Las siguientes son algunas de las recompensas más comunes y bastante atractivas que la mayoría de los sitios utilizan para los programas de recompensa para clientes leales:

- La oferta exclusiva de descuentos, cupones y material de contenido es considerado uno de los más deseables y eficaces. Atar descuentos a otras actividades interesantes también ayudará a generar interés, ingresos e incluso la publicidad "gratis".

- El uso de aplicaciones de bajo coste para crear fans de encargo es un material accesible y también creará los incentivos necesarios para trabajar recompensas eficaces. Este estilo de recompensas es especialmente atractivo porque da al contenido un sentido de exclusividad que es probablemente inigualable.

- Retribuir es otro concepto que es muy apreciado por los visitantes a base de fans leales. La idea de que sus contribuciones están siendo reconocidas en forma de premios de diseño especial es realmente especial y reflexivo.

- El diseño de las recompensas para reflejar el hecho de que sus contribuciones no sólo son importantes, sino que también se ven seriamente considerados por las opiniones y evaluaciones publicadas, se asegurará un mayor apoyo a largo plazo. La construcción de la relación especial es una parte muy grande e importante de realzar los porcentajes de fidelidad.

- A veces tomar una muesca más alta en la plataforma de la exclusividad también provoca una agradable sorpresa para el fan que está siendo honrado de manera exclusiva. Esto significaría en realidad que ofrece el fan leal por quizás publicar una entrevista con el dicho fan donde todo el contenido del post es de aproximadamente leal contribución del fan. Este tipo de reconocimiento exclusivo es beneficioso para ambas partes y para la audiencia en general.

Capítulo 9:
Aprende Acerca de los Plugins de Facebook

Sinopsis

Entre las muchas herramientas para la comercialización en Internet se encuentra el mercado de Facebook y los plugins. Estas herramientas tienen sus propios méritos individuales por lo que vale la pena su comprensión y la exploración con el propósito de optimizar la exposición en la que pueden proporcionar eficacia.

Los Plugins y Más

En el mercado es básicamente una plataforma para la compra, venta y, en general el intercambio de una variedad de entidades dentro de la seguridad de los participantes conocidos.

Esta plataforma de participantes confiables y reconocibles permite el ambiente controlado para ser menos propensos a tener connotaciones negativas fijadas a las transacciones.

La sencilla línea de mensajería entre amigos, vendedores y compradores permite las posibles transacciones y es a la vez un elemento de bienvenida y una herramienta deseada. Estas operaciones también se pueden hacer a favor de los partidos de confianza con los mismos resultados positivos.

Otra característica interesante que ofrece esta herramienta de mercado es la facilitación de ser capaz de apoyar a las organizaciones benéficas con un porcentaje de los ingresos de transacciones ganados. Este apoyo a organizaciones de beneficencia por lo general puede generar más ingresos, ya que los demás se interesarán en participar en el proceso para la creación de los ingresos.

Facebook social de plug-in es una herramienta más para vías rápidas y fáciles, de manera que amplía el alcance y la conexión entre el visitante y el anfitrión de la página web para una interacción cómoda y beneficiosa.

Este intercambio de contenido de información será fundamental para conducir el porcentaje deseado de tráfico al sitio web, para ser ofrecido ganando así más formas de hacer un seguimiento de las actividades en curso e intercambios.

Terminando

Por último, recordar que junto con todas las herramientas y la información que has recibido aquí, el plugin permite al usuario compartir el contenido del sitio con los demás, también en Facebook y a través de enlaces.

El cuadro de comentarios es donde se produce el intercambio de ideas para dar una idea de otros puntos de vista sobre algún tema en particular.

Usa Facebook para impulsar tu negocio hoy!